THÈSE

POUR

LA LICENCE.

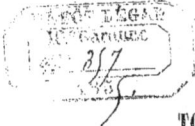

TOULOUSE,
TYPOGRAPHIE TROYES OUVRIERS RÉUNIS,
RUE SAINT-PANTALEON, 3.

FACULTÉ DE DROIT DE TOULOUSE.

THÈSE

POUR

LA LICENCE

En exécution de l'Article 4, Titre 2, de la Loi du 22 Ventôse an XII.

SOUTENUE PAR

M. FABRE (Charles-Justin),

Né au Pouget (Aveyron).

TOULOUSE,
Typographie Troyes OUVRIERS RÉUNIS,
Rue Saint-Pantaléon, 5.

1855.

A MON PÈRE ET A MA MÈRE,

A MES FRÈRES ET A MA SOEUR,

A CEUX A QUI JE TIENS

Par l'Affection ou la Reconnaissance.

ACTE PUBLIC.

Jus Romanum.

De inutilibus stipulationibus.

Inst. Liv. III, Tit. 19. — Gaius III, 97-109. — Pand. XLV, Tit. 1. — Cod. Lib. VIII, Tit. 38 et 39.

Jura quædam sunt, quæ non directe in rem intendunt, sed ad rem præstandam vel efficiendum actum obligant. Obligationes autem aut ex contractu nascuntur, aut ex maleficio, aut proprio quodam jure ex variis causarum figuris. (Dig. 44, 7. 1, Gaïus). Et est quidem contractus duorum pluriumve in idem consensus, quem jus civile comprobavit et actione confirmavit. Quatuor autem sunt genera : aut enim re contrahitur obligatio, aut verbis, aut litteris, aut consensu.

Verbis obligatio contrahitur ex interrogatione et responsione, quæ proprio nomine *stipulationis* et *promissionis* noscuntur (præteritâ autem promissione hæc omnia solo stipulationis nomine intelligemus.) Quæ stipulatio, non quidem conventio sui generis, sed formula quædam, in quibuscumque contrahendis obligationibus utilis, est. Sed quia, non de generaliter dictis, sed de inutilibus stipulationibus nobis est agendum ; in dissertatione nostrâ de causis propter quas illæ non valent tantummodo videbimus.

CAPUT I.

De causis propter quas non valent stipulationes.

Inutilis stipulatio intelligitur quotiescumque, secundum juris civili regulas, actionem efficere nequit; veluti si quis homicidium vel sacrilegium se facturum promittat; quod enim turpi ex causâ fuit stipulatum nullius est momenti. Inutilitatis inveniuntur causæ multæ. Quædam in omni quocumque modo contrahendi inveniuntur, quædam autem stipulationis propriæ sunt. Sed, nullo inter eas habito discrimine, videbimus : primum de personis per quas, inter quas, vel propter quas stipulatio intervenire nequit; secundo de rebus quæ in stipulationem deduci non possunt; et deinde, aut ex conditionibus appositis, aut ex electo solutionis tempore, aut ex verborum diversitate, inutilitatem videbimus effectam.

Sectio Prima.

De personis.

Omnibus hominibus stipulari vel promittere non licet ; certis enim verbis stipulationes confici debent. Porro, si stipulantes non sese exaudire, veluti absentes, vel si quid dicant intelligere non possent; verba quasi non dicta deberentur haberi, et ideo, secundum humanam rationem et juris Romanorum civili præcepta, inutilis æque videretur stipulatio. Inde inducitur, nec muto, nec surdo, nec furioso, nec infante stipulationes perfici posse. Illud tamen non omnimodo de proximis infantiâ exaudire debemus ; quamvìs enim non multum distent à furiosis (propter eorum utilitatem benignior juris interpretatio facta est. Inst. lib. III, tit. 19). Proximos autem infantiæ, ex variis constitutionibus, esse videmus eos que jam fari possunt quamvìs minores septem annis.

Quicumque stipulatur vel promittit, stipulari vel promittere suo debet nomine. Constat enim neminem stipulari posse nisi quod sua interest, et de se quemque promittere oportere. Quod præceptum, in omnibus contrahendi modis receptum, tanto majori severitate in stipulationibus præscribitur, quo nos Ulpianus docet hujusmodi obligationes ad hoc fuisse repertas (Dig. 45-1, Ulp. 38-17). Si quis igitur vel alterius factum promiserit, vel ad alterius utilitatem stipulatus fuerit, nulla fecisse palam est ; nisi tamen hâc in stipulatione pœna intervenerit ; quo in eventu nisi adimpleatur stipulatio fit pœna debita. Non tamen omnimodo hæc exaudiri debentur ; haud dubium est enim valere stipulationem quotiès creditori in hâc quædam inest utilitas ; in hoc quasi exemplo : Si tutor à protutore stipulatus fuerit rem pupilli salvam fore. Quæsitum est autem an valeat stipulatio in quâ quis sibi una et alio stipulatus est, sed, ultimo juris tempore, Justinianus, quoad dimidiam partem solummodo valere, nos docuit ; quoad enim hanc partem creditoris utilitas intelligi potest.

Quicumque hujusdem sunt familiæ alii pro alios rectè stipulantur. In hoc enim casu jus in uno capite patrisfamilias convertitur ; et ideo cujuscumque utilitas habetur in eo. Unde pro parente filius rectè, sed et pro filio pater ex hoc intelligitur quod ad se revertit res stipulationis, ex eo quod filius nisi parentis gratiâ nequaquam acquirere potest.

SECTIO SECUNDA.

De objectis stipulationum.

In quàcumque contrahenda obligatione stipulationes utiles esse vidimus ; quodquod igitur foret quod in stipulationem induceretur ipso facto necessarium fore videretur; sed aliquoties evenire potest ut res stipulationis nullomodo stipulatori acquiri possit, quotiès veluti agitur de rebus quæ jam extiterunt aut quæ nequaquam existere possunt. In hoc casu sane dijudicatum fuit actionem effici posse nullam ; et in his similiter adhuc eventibus, veluti : si nihil res stipulationis valet in commercio ; idem etiam si nullomodo stipulatori possit acquiri, sicuti si res sua jam esset, non potest enim jus duplex in idem inesse. Eadem, et de facto moribus vel lege prohibito, dicemus; turpes enim stipulationes nullius esse momenti novimus. (Dig. 45. — 1 Ulp.)

Et quæcumque res quæ, tempore stipulationis, creditori nequaquam poterat acquiri, tardius quamvis impedimento levaretur, non renasceretur stipulationis utilitas : quod enim initio vitiosum est non potest tractu temporis convalescere. (Dig. 50—17. fr. Paul).

Et hæc ita intelligi debentur ut , quidquid sit cum evenerit conditio, quotiescumque stipulationis tempore, res, naturâ sui, dominio creditoris exempta erat, nullam in hâc inesse auctoritatem appareat; quoties autem, a creditore proveniens impedimentum ad tempus solutionis disparuit, æque visum fuit valere stipulationem. In hoc enim casu , ad utilitatem dijudicandam , hoc unum sciendum erat, an, eveniente conditione, creditor non impediretur quin actionem exerceret. Eâdem ex ratione contra , res primum utilem in stipulationem deducta , si eveniente solutionis tempore , sine facto promissoris , ita devenerit ut non jam in obligationem deduci posset , inutilem evenire stipulationem æquum esse intelligitur.

SECTIO TERTIA.

De Conditionibus.

Stipulationes quibus impossibilis adjicitur conditio inutiles esse constat. Et hoc, in omnibus contrahendi modis ita receptum, non tamen de testamentis æque intelligeretur; aliter enim testamentorum majoris favore causâ dispositum fuit. Quod si in abstinendo impossibili conditio consistat, certissime, quasi pure facta, valet stipulatio. Conditiones etiam, moribus vel lege prohibitæ, inutiles reddunt stipulationes; veluti, si quis quid stipulatus fuerit in hoc casu quo maleficium non peragerct; quod si contra ita haberetur stipulatio ut, si maleficium quis effecerit, alicujus solvendæ rei teneretur, in hoc casu utilis æque judicaretur stipulatio, ex bonis enim moribus concepta foret. (Dig. 45.—1—121, Pap.)

Aliquoties autem eâdem in stipulatione, conditione simul et certo tempore solutionis una cunjunctis, solutionis tempus ante conditionem evenire potest, in hoc quasi exemplo (*si navis ex Asiâ venerit, hodie dare spondes*). Talia *præpostera* dicta, ex eo quod ea præsunt quæ post esse deberent, apud majores inutilia videbantur; sed ultimo juris tempore Justinianus docet ea ita haberi quasi si non aliud quam conditionis tempus appositum fuerit.

Sectio quarta.

De tempore solutionis.

Tempus ad solutionem stipulationis electum aliquoties ipsam infirmare stipulationem, apud veteres, notum erat. Ex variis enim scriptis eorum discimus talia non valere; sicuti: (*Post mortem meam, vel post mortem tuam dare spondes.*) Ab hæredibus enim, vel contra hæredes incipere actiones veteres non concedebant. (Cod. 41-1). Unde nec ea valebant: (*pridie* quam moriar, vel pridie quam morieris); hujus enim stipulationis terminum nisi morte secutâ nosci non poterat; et ideo apud hæredes incepisset actio, quod inelegans visum fuerat. Sed ea veteres etiam auctores non pretiosâ ratione recepta noscebant, et hæc tanto melius, quo, omni tempore, sic stipulata valebant: (*cum moriar vel cum morieris*). Sed Justinianus, in his necessariam inducens emendationem, eas omnes utiles esse stipulationes voluit.

Sectio quinta.

De Verbis.

Verbis contractus efficiuntur ex interrogatione et responsione eisdem et in idem. Undè, quotiescumque verba non talia sunt ut interrogationi responsio adæquari possit, veluti si de aliâ re stipulator, de aliâ promissor censerit; ad interrogationem non responsum fuisse, et inutilem igitur haberi stipulationem dijudicatur. Cùm plures autem res in eâdem stipulatione comprehenduntur, ex eo quòd tot stipulationes quot species intelligi debentur, ità habendum est ut valeat solummodò stipulatio de eis de quibus fuerit responsum. Quod si, non rebus variis, sed variâ quantitate differentia constat; quæsitum est utrum valeat stipulatio vel non. Opinionum magna diversitas ex eo proveniebat quod, hâc in specie, alii inducebant non eâdem ex re censisse stipulatorem et promissorem; alii autem quasi differentiam quantitatis eâdem in re invenientes, quoad minorem partem valere docebant. Sed, ultimo juris tempore, ea nequaquam valere voluit Justinianus. Idem juris est si creditor purè stipuletur et debitor sub conditione promittat.

Code Napoléon.

LIV. III. — TITRE 18.

Des Priviléges.

(Art. 2995 à 2113.)

Le Code définit le privilége : Un droit que la qualité de la créance donne à un créancier d'être préféré aux autres créanciers même hypothécaires. Cette définition nous montre clairement la pensée du législateur. Il a vu dans la qualité, c'est-à-dire dans la cause productive de certaines créances, des motifs spéciaux et sérieux d'une faveur toute particulière, et c'est dans l'intérêt de ces créances-là qu'il n'a pas craint de déroger au principe qui veut que les biens du débiteur soient le gage commun de ses créanciers, et que le partage entr'eux s'effectue dans le rapport de l'actif à la somme totale de leurs créances. Du reste, cette institution ne date pas de quelques jours ; son origine est fort ancienne, et nous la retrouvons dans l'histoire de la jurisprudence des temps passés, tantôt comme droit personnel, et par suite primé par les hypothèques, et tantôt les primant, comme droit réel établi par la loi, et par conséquent antérieur à tous autres.

Les priviléges sont, le plus grand nombre, fondés sur des raisons d'équité naturelle. Ainsi, quoi de plus juste que d'accorder un privilége au vendeur sur l'objet vendu; à l'architecte ou au maçon sur l'ouvrage qu'ils ont construit; au locateur sur les meubles garnissant la maison ou la ferme; au bailleur de fonds sur l'objet acquis au moyen de ses fonds antérieurement à ce destinés? Il existe pourtant des cas où l'équité se trouverait blessée si l'ordre social, devant lequel les intérêts privés doivent se taire, n'avait impérieusement exigé cette préférence. On ne pouvait pas, en effet, dans un état civilisé, laisser un malade privé des soins les plus nécessaires; on ne pouvait pas laisser un cadavre sans sépulture; et cependant les médecins, pharmaciens, ministres des cultes et autres auraient peut-être hésité quelquefois, si leurs honoraires n'avaient été sauvegardés. Ces frais d'ailleurs ne peuvent jamais s'élever qu'à un taux assez peu important, et le législateur ne devait pas hésiter à les couvrir de son autorité.

Sous le régime de notre Code, les priviléges doivent toujours primer les hypothèques, parce que les priviléges comme les hypothèques sont des droits réels portant directement sur la chose, et que de plus ils puisent dans leur cause originelle une faveur qui manque à celles-ci. Du reste, cette différence, d'autant plus importante qu'elle décide du rang, n'est pas d'ailleurs la seule à remarquer. Ainsi le privilége résulte de la nature ou de la qualité de la créance, et jamais de la convention des parties ou de l'autorité du juge : son rang est déterminé par sa qualité ou par la loi et non par la date de l'inscription. Ajoutons enfin que les priviléges portent sur les *meubles* aussi bien que sur les *immeubles*, et qu'ils peuvent être étendus à la *généralité* ou restreints à une *partie* de ces mêmes biens. Nous devons donc les diviser en priviléges : généraux sur les meubles, spéciaux sur les meubles; généraux sur les immeubles et spéciaux sur les immeubles, sauf à voir à la fin quels sont les moyens de les conserver.

§ 1er. — *Des priviléges généraux sur les meubles.*

Les priviléges *généraux* sur les *meubles* sont ceux énoncés dans l'art. 2101. Ils out paru aux yeux du législateur mériter une faveur telle, que, quelle que soit la nature des créances qui concourent avec eux, ils sont toujours payés par préférence, et même sur les immeubles dans le cas où le prix des meubles ne saurait les couvrir; et par meubles, dans ce cas il ne faut pas comprendre seulement les *meubles meublants* du débiteur, mais encore tout ce qui est censé *meuble*, soit par sa nature, soit par la détermination de la loi. L'ordre dans lequel ils s'exercent est l'ordre exprimé dans leur énumération en l'art. 2101.

1º *Les frais de justice.* Non pas certainement les frais exposés, et dans son intérêt exclusif, par tel ou tel créancier, mais bien et uniquement ceux exposés dans l'intérêt de la masse des créanciers chirographaires, hypothécaires, privilégiés, quels qu'ils soient, peu importe. La justice est intervenue pour eux et par conséquent elle doit leur être préférée.

2º *Les frais funéraires*; et par frais funéraires nous entendrons tous ceux nécessités par les derniers honneurs à rendre à chacun, eu égard au rang qu'il tenait dans le monde. Chacun doit en effet recevoir des honneurs proportionnés à sa condition. En agir autrement ce serait, dans de certains cas, violer iniquement les droits des créanciers, et dans d'autres cas au contraire, on y verrait avec raison un outrage indigne à la mémoire du défunt. Que si cependant il existait des dettes provenant des frais de sépulture d'autres que du défunt, nous n'irions pas jusqu'à leur accorder un pareil privilége. En fait de dispositions de ce genre en effet, nous n'avons pas le droit d'interpréter le silence du Code, et dans ce cas d'ailleurs on sortirait de l'esprit de la loi, qui ne prévoit certainement que des frais peu considérables.

3º *Les frais de dernière maladie.* Les anciens auteurs ajoutaient *du défunt*; d'où la conséquence pour nous, que l'on ne doit admettre comme privilégiés, que les frais de la maladie dont est mort celui de la succession duquel il s'agit.

4º *Le salaire des gens de service pour l'année échue et ce qui est dû sur l'année courante.* Quoique cet article ne semble parler que des gens de service ordinaires, c'est-à-dire des gens de service à l'année ; de sa combinaison avec l'art. 2272 sur la prescription, frappés de la coïncidence du terme du privilége et de la prescription ; et pénétrés d'ailleurs des motifs sur lesquels repose la loi, nous n'hésitons pas à reconnaître un pareil droit de préférence, aussi bien pour les salariés au jour et au mois, que pour ceux à l'année ; mais pour le temps de la prescription seulement. Nous croyons y voir en effet identité de cause, et nous devons par conséquent y reconnaître identité de droit.

5º *Les Fournitures de subsistances.* Les personnes offrant des garanties peu sérieuses, auraient difficilement rencontré du crédit pour leurs dépenses de tous les jours ; c'est afin de pourvoir à cet inconvénient, qu'a été rédigée la loi dont nous nous occupons, laquelle, du reste, n'a fait que sanctionner les usages généralement reçus en fait de crédit chez les commerçants, à savoir un privilége, de six mois pour les marchands au détail, et d'un an pour les commerçants en gros.

Nous avons déjà vu que ces priviléges s'exerçaient dans l'ordre établi ci-dessus ; et d'un autre côté ceux du même ordre s'exercent par concurrence ; ainsi l'application ne présenterait pas la moindre difficulté, si de diverses lois, il ne résultait clairement, que les priviléges du Code ne sont pas les seuls généraux sur les meubles. Ainsi rencontrons-nous venant en concurrence le *Trésor*, la *Régie des douanes* et la *Régie des contributions indirectes*. Nous allons dire un mot de chacun de ces priviléges, sauf à les classer après dans l'ordre qui nous paraîtra le plus conforme aux lois sur cette matière.

Le Trésor a un privilége :

1º Pour le paiement des contributions directes, personnelles ou mobilières (Loi du 12 novembre 1808).

2º Pour le remboursement des frais dont la condamnation est prononcée au profit du fisc, en matière criminelle, correctionnelle ou de police (Loi du 8 septembre 1807).

3º Enfin, pour le recouvrement des deniers publics, sur les biens meubles des comptables chargés de la recette et du paiement. (Loi du 5 septembre 1807).

La régie des douanes a un privilége sur les meubles et effets mobiliers des redevables pour tous droits ; et ce privilége s'exerce avant *tous créanciers*, à l'exception des frais de justice et autres priviléges des loyers de six mois et des marchandises en nature revendiquées par le vendeur (Lois des 22 août 1791 et du 4 germinal an II).

Enfin, la *régie des contributions indirectes* a de même un privilége sur les meubles des redevables, pour tous droits, et elle s'exerce par préférence à *tous autres créanciers*, à l'exception des frais de justice, de ce qui est dû pour six mois de loyers, et sauf aussi la revendication formée par les propriétaires des marchandises encore sous balle et sous corde (Loi du 1er germinal an VIII).

Ce n'est pas sans difficulté qu'on a réussi à coordonner ces divers priviléges du fisc avec ceux de l'art. 2101. Néanmoins, vu les dispositions des lois et les articles réglementaires qui les concernent, nous croyons devoir ainsi fixer le rang de chacun en cas de concours :

1º Frais de justice ;
2º Frais pour contributions directes, personnelles ou mobilières ;
3º Droit des contributions indirectes ;
4º Frais funéraires ;
5º Frais de dernière maladie ;
6º Salaire des gens de service ;
7º Fourniture de subsistances ;
8º Privilége de la douane ;
9º Privilége du trésor pour frais de poursuites criminelles, privilége du trésor sur les biens des comptables (par concurrence).

§ 2. — *Des priviléges spéciaux sur les meubles.*

Avant d'étudier en détail les priviléges particuliers sur les meubles, nous croyons devoir poser ici deux principes, sur lesquels repose toute la théorie des privilèges spéciaux, tant sur les meubles que sur les immeubles :

1° Toutes les fois que le créancier a dû regarder une chose comme *son gage*, il peut la conserver jusqu'à son parfait paiement, et se faire colloquer par préférence sur le prix qui en provient;

2° Toutes les fois que la créance est le *prix d'une vente*, ou le montant des *avances faites pour la conservatiou de la chose*, cette créance est naturellement *privilégiée*, puisque sans elle la chose n'existerait pas entre les mains du débiteur, ou ne présenterait aux créanciers qu'un gage de moindre valeur.

L'art. 2102 nous donne l'énumération des privilèges spéciaux sur les meubles; mais il ne parle nullement ni de l'ordre, ni de la préférence à accorder aux uns au préjudice des autres. Du reste, le silence du Code sur cette matière si importante, se comprend d'autant plus, que toute espèce de classement méthodique paraît impossible. En effet, le degré de faveur attaché à ces sortes de privilèges, varie suivant les espèces, et suivant les différentes positions des créanciers ; c'est-à-dire que la faveur de la cause peut faire marcher un privilège avant un autre qui le primerait dans une autre combinaison d'intérêts. Il faudra donc, pour déterminer le rang qu'ils doivent occuper, calculer le degré de faveur attaché, suivant les cas, à chacun de ces privilèges. — Ici se présente tout naturellement une question très-importante, et que malheureusement nous ne trouvons nulle part résolue dans la loi : lesquels doivent obtenir la préférence des privilèges généraux, ou des privilèges spéciaux sur les meubles. Les auteurs sont partagés sur cette question ; mais l'opinion de ceux qui veulent que les privilèges généraux priment dans tous les cas les privilèges spéciaux, nous a paru reposer sur les raisons les plus solides.

Les privilèges sur certains meubles sont :

1° Le privilège du *locateur*, pour ses loyers ou fermages, pour réparations locatives et tout ce qui concerne l'exécution du bail.

Le privilège du locateur embrasse en même-temps et les *meubles* de la maison ou de la ferme, et les *fruits* qu'en retire le locataire; et par *meubles* ici nous entendons tout ce qui a été apporté dans la maison ou la ferme pour la garnir ; c'est-à-dire tout le mobilier apparent et qui se trouve à demeure fixe dans la maison ; car s'il avait été momentanément apporté et que le locateur n'eût pas eu le droit de le considérer de bonne foi comme son gage, alors certainement on sortirait de l'esprit de la loi et des espèces qu'elle a prévues. Nous observerons cependant que les meubles des sous-locataires doivent être compris dans la classe de ceux servant de garantie au locateur, mais jusqu'à concurrence seulement des sommes que ces derniers peuvent devoir au locataire principal.

Quelle que soit la forme du bail, le privilége du locateur subsiste toujours ; son étendue varie cependant suivant que le bail a date certaine, ou qu'étant sous signature privée, il n'a point acquis la publicité qui en fait la date certaine. Dans le premier cas, le locateur a indistinctement privilége tant pour ce qui est échu que pour ce qui reste à échoir ; et dans le second cas, au contraire, son privilége se trouve réduit à ce qui est échu, l'année courante ; et l'année à partir de l'année courante.

Le propriétaire n'est pas le seul qui ait privilége pour ses loyers ou fermages. Le locataire principal qui a sous-loué, l'usufruitier qui a consenti un bail à ferme, tous ceux en un mot à qui des loyers sont dus, jouissent des mêmes faveurs que le propriétaire. Ce privilége, en effet, puise sa raison d'être dans un contrat tacite, et nullement dans un droit inhérent à la personne du propriétaire.

Le locateur, en vertu de son droit, a encore un privilége sur les fruits de la chose louée. Il l'exerce sur les fruits pendants aussi-bien que sur les fruits récoltés, et peut même exercer sur les fruits des années précédentes, non plus comme fruits, mais bien comme meubles garnissant la maison ou la ferme.

Indépendamment du privilége sur les meubles et sur les fruits, le locateur jouit encore du droit de revendiquer les meubles déplacés, sans son consentement exprès ou tacite. On comprend en effet que son privilége eût été dérisoire, s'il eût été loisible au locataire ou fermier de détourner en secret les objets de la maison ou de la ferme, et diminuer à son gré les garanties offertes au locateur. Ce droit de revendication, en faveur duquel les rédacteurs du Code ont cru pouvoir déroger au principe qui veut que les meubles n'aient pas de suite, aurait été pourtant une entrave trop forte aux transactions des locataires ou fermiers ; aussi le voyons-nous restreint dans des limites assez réserrées, et renfermé dans des délais passé lesquels il ne peut plus être valablement exercé.

2º Le privilége des *sommes* dues pour semences et frais de récolte sur la récolte de l'année ; celui des sommes dues pour ustensiles aratoires sur le prix de ces ustensiles.

Ces deux priviléges priment toujours le privilége du locateur ; et la raison naturelle nous dit assez que si le privilége du locateur s'est accru par le fait de personnes également privilégiées, elles doivent au moins lui être préférées jusqu'à concurrence du bénéfice qu'elles ont pu lui procurer.

3º Le privilége du créancier gagiste.

Le créancier gagiste, pour exercer son privilége, doit être saisi du gage, à moins qu'il n'ait été convenu que la chose serait déposée entre les mains d'une tierce personne.

Afin d'éviter les fraudes dans le contrat de gage, l'art. 2074 exige plusieurs formalités parmi lesquelles un acte public, ou un acte sous seing privé ayant date certaine. Ce n'est qu'à cette condition que le privilége peut être invoqué. Du reste, ces formalités indispensables quand il s'agit du contrat de gage ou de nantissement, ne le sont nullement au cas où le gage ne serait que la conséquence nécessaire d'un autre contrat qui le renfermerait implicitement.

Le dépositaire à qui des sommes sont dues pour raison du dépôt n'a pas de privilége ; il n'a qu'un droit de *rétention* qu'il perd avec la possession ; si toutefois il avait fait des frais pour la conservation de la chose, alors il jouirait d'un privilége tout aussi-bien que tous les créanciers de la même espèce.

4º Le privilége des frais faits pour la conservation de la chose.

Ce privilége s'entend de tout ce qui a été fait pour réparer la chose, pour la préserver d'accidents ou pour la sauver d'un péril imminent, comme aussi les sommes prêtées pour être employées à cet usage.

Celui qui *améliore* et celui qui *conserve* la chose, se trouvent dans des positions complétement diverses. L'un n'a absolument qu'un droit de rétention qu'il perd avec la possession, tandis que l'autre jouit d'un privilége indépendant de toute possession.

5° *Le privilége du vendeur.*

Deux voies sont ouvertes au vendeur non payé pour obtenir le paiement de ce qui lui est dû : 1° l'exercice d'un privilége; 2° la revendication.

Sous le régime de notre Code, que la vente ait été consentie avec ou sans terme, le vendeur a toujours un privilége sur l'objet vendu pour le paiement de cet objet; mais pour qu'il puisse l'exercer, il faut que la chose soit en la possession de l'acheteur, et qu'elle existe encore en nature. Si même les objets formant le gage, servaient également de gage à un locateur, celui-ci serait préféré, sauf le cas cependant où il n'aurait pas ignoré que les meubles portés chez lui n'appartenaient pas à son locataire.

6° *Le privilége de l'aubergiste.*

Ce privilége n'a lieu que contre les voyageurs, et s'étend à toutes les dépenses faites dans l'auberge. L'aubergiste peut faire saisir tous les objets introduits chez lui, même ceux n'appartenant pas au voyageur, sauf toutefois le cas où celui-ci l'aurait d'avance prévenu que ces objets n'étaient pas sa propriété.

7° *Le privilége du voiturier.*

La plus value, que l'on suppose acquise aux objets voiturés par suite du déplacement, sert de base à ce privilége.

8° *Le privilége sur les cautionnements des fonctionnaires, pour abus et prévarications dans les fonctions de leur charge.*

§ 3. — *Des priviléges généraux sur les immeubles.*

Tous les immeubles, dit l'art. 2103, sont affectés subsidiairement au paiement des priviléges généraux sur les meubles. Ces créances de l'art. 2101 ont paru mériter une telle faveur, que la loi, pour en assurer le recouvrement, leur affecte les meubles et les immeubles; et même, en cas de concurrence avec des priviléges spéciaux, l'art. 2105 déclare que les priviléges généraux doivent être colloqués les premiers. Ce serait cependant une erreur de penser qu'il fût licite aux créanciers favorisés de ce genre de privilége, de poursuivre indifféremment leur paiement sur le prix provenant de la vente du mobilier ou des immeubles. Ce n'est que subsidiairement, au cas d'insuffisance du mobilier, que cet avantage leur est accordé. Ce ne sera donc qu'après avoir fourni la preuve de cette insuffisance, qu'ils obtiendront de se faire colloquer sur le prix des immeubles.

§ 4. — *Des Priviléges spéciaux sur les Immeubles.*

Les priviléges spéciaux sur les immeubles indiqués par l'art. 2103 sont au nombre de cinq. Cependant il n'en existe que trois en réalité, car les deux autres sont plutôt des priviléges transmis d'une personne à une autre, que des priviléges créés par la loi au profit d'un créancier. Comment qu'il en soit, nous allons les étudier dans l'ordre établi par le Code, et sans tenir en compte cette différence que nous avons cru devoir signaler.

1. *Privilége du vendeur.* Celui qui vend un immeuble conserve sur lui un droit réel qu'il se réserve pour la garantie de la créance du prix. Ce privilége, qui est plutôt retenu que concédé par la loi, est fondé sur un motif d'équité. Rien de plus juste en effet que de voir la créance qui a mis tel immeuble dans le patrimoine du débiteur, payée sur le prix de cet immeuble par préférence à toutes les autres.

Le privilége existe quoique la vente ne soit constatée que par acte sous seing privé; mais il ne peut être établi que pour le prix expressément déclaré dans l'acte de vente. Ainsi, si l'acte porte quittance du prix, il n'y a plus de privilége, alors même que le paiement aurait été fait en billets non encore acquittés, ou que d'une contre-lettre il résulterait que la quittance est simulée. Dans ces divers cas, en effet, il aurait été trop aisé d'induire les tiers en erreur. En cas de ventes successives, dont le prix est dû en tout ou en partie, le premier vendeur est préféré au second, le second au troisième, et ainsi de suite.

Le vendeur auquel le prix de la vente n'est pas payé, peut, non-seulement exercer son privilége, mais même reprendre son immeuble, en faisant prononcer la résolution du contrat. Dans certains cas même, le droit de résolution pourra lui être plus utile que le privilége. Il peut arriver en effet qu'il se trouve en conflit avec les créanciers privilégiés de l'art. 2101; que l'exercice de ces priviléges absorbe en tout ou en grande partie le prix de l'immeuble; et, dans ce cas, certainement la résolution de la vente sera pour lui la voie la plus efficace. Le droit de résolution peut d'ailleurs quelquefois survivre au privilége, et, dans ce cas, c'est la seule voie ouverte au vendeur.

Celui qui aliène un immeuble en échange d'un autre bien et d'une soulte en argent, conserve sur l'immeuble aliéné un privilége pour le paiement de la soulte; jusqu'à concurrence de la soulte en effet, il doit être considéré comme un véritable vendeur.

Si un acheteur à rend *réméré* l'immeuble sans en exiger préalablement le prix, conservera-t-il sur l'immeuble restitué un privilége pour le paiement du prix qui ne lui a pas été remboursé? La négative n'est pas douteuse. La restitution de l'immeuble n'est pas une vente nouvelle, mais la résolution de l'ancienne; le créancier n'a donc pour toute garantie que le droit de retenir l'immeuble jusqu'à la restitution intégrale du prix.

2º *Privilége du bailleur de fonds pour l'acquisition d'un immeuble.* — Celui qui a prêté les deniers pour payer un immeuble a un privilége sur cet immeuble. Ce privilége est cependant subordonné à deux conditions : il faut 1º qu'il soit *authentiquement* constaté dans l'acte d'*emprunt*, que la somme est destinée à cet emploi; 2º que la quittance donnée par le vendeur déclare formellement que le paiement est fait avec des deniers empruntés. C'est une véritable subrogation consentie par le débiteur au profit d'un tiers qui lui prête les fonds destinés à le libérer. Le privilége réside un instant de raison sur la tête du vendeur, d'où il passe par l'effet de la subrogation sur celle du prêteur. Il est à remarquer que l'art. 1250 semble exiger qu'il soit dit dans l'acte d'emprunt que les fonds sont prêtés sous la condition de subrogation ; et de plus que la quittance soit faite par acte authentique ; et, malgré le silence de l'art. 2103 sur ces deux questions importantes, nous admettrons la théorie de l'art. 1250, convaincus que l'art. 2103 n'en est que l'application.

Si la loi exige des actes authentiques, c'est pour prévenir les fraudes; c'est, par exemple, pour qu'un acheteur qui a lui-même payé, de ses propres deniers, ne puisse pas plus tard favoriser un de ses créanciers au moyen d'actes antidatés.

3º *Privilége des cohéritiers ou copartageants.*

Ce privilége est établi pour toute personne devenue créancière à suite d'un partage. Il peut avoir lieu : 1º pour la garantie du partage, au cas où l'un des co-partageants, évincé de son lot, veut contraindre les autres à supporter une part égale chacun, dans la perte causée par suite de l'éviction ; 2º pour le paiement de la soulte due par un des copartageants à l'autre ; 3º pour le prix d'une licitation, et dans ce dernier cas, deux hypothèses sont à prévoir. Si l'un des copartageants se porte adjudicataire, l'adjudication, dans ce cas, n'étant qu'une opération du partage, le prix en est garanti par le privilége légal accordé à tous les copartageants. Si, au contraire, c'est un étranger, alors il y a vente, et l'obligation de payer le prix de licitation est alors garantie par le privilége accordé au vendeur.

4º *Priviléges des architectes, entrepreneurs et ouvriers.*

Les architectes, entrepreneurs et ouvriers, employés par le propriétaire pour édifier, reconstruire ou réparer des bâtiments, auront un privilége sur les ouvrages édifiés, reconstruits ou réparés, pourvu qu'ils aient fait dresser, avant le commencement des travaux, par un expert nommé d'office par le tribunal de la situation de l'immeuble, un procès-verbal constatant l'état des lieux relativement aux travaux à exécuter, et que, dans les six mois au plus tard de l'achèvement de ces ouvrages, la valeur en ait été estimée par un expert également nommé d'office. Si l'urgence des travaux n'a pas permis de constater au préalable l'état des lieux, les tribunaux peuvent admettre comme suffisant, un *procès-verbal* dressé après le commencement des travaux, sur les renseignements fournis par les ouvriers ou les voisins.

Ce privilége ne s'applique qu'à des travaux d'art, et la loi du 16 septembre 1807, qui crée un privilége spécial pour le dessèchement des marais, bien loin d'infirmer le principe ci-dessus énoncé, n'en est qu'une exception qui sert à prouver sa réalité.

Ce privilége n'existe que pour la plus value résultant des travaux et encore existant au moment de l'aliénation.

5° *Privilége du bailleur de fonds pour paiement des ouvriers.* Les prêteurs des deniers pour réparations jouissent des mêmes priviléges que les ouvriers ; mais afin d'éviter toute espèce de fraude, il faut que la destination des deniers soit constatée par un acte public, et que l'emploi en soit justifié par la quittance des ouvriers.

§ 5. — *Comment se conservent les priviléges.*

Les priviléges affectant *réellement* la chose, et donnant aux créanciers le droit de la poursuivre entre les mains des tiers, la sûreté des acquéreurs réclamait impérieusement la publicité ; et c'est pour ces motifs qu'a été proclamé l'art. 2106. Et qu'on ne dise pas que cet article, en subordonnant l'exercice des priviléges sur les immeubles à la formalité de l'inscription, contrarie l'art. 2105, qui déclare les priviléges produits par la seule qualité de la créance. L'art. 2106 ne réglemente en aucune façon la raison d'être des priviléges, il ne s'occupe que de l'exercice, et c'est à juste titre qu'il le subordonne à la formalité de l'inscription. Du reste, et comment qu'il en soit, c'est toujours par la nature de la créance, et nullement par la date de l'inscription, que se règle la préférence en cette matière.

Les priviléges spéciaux sur les meubles subsistent indépendamment de toute inscription. On ne voit pas trop en effet ni comment ni pour quel motif on aurait pu les y soumettre. Quant aux généraux sur les meubles, quand même ils s'étendent subsidiairement sur les immeubles, l'article 2107 les dispense formellement de cette formalité. Leur importance est bien faible d'ailleurs, et les tiers-acquéreurs ont dû, ou du moins ont toujours pu les prévoir, et n'ont par conséquent pas le droit de se plaindre.

Par exception au principe de l'art. 2106, le privilége du vendeur se conserve par le seul fait de la transcription du titre, art. 2108. C'est ordinairement l'acquéreur qui la fait faire ; mais cependant le vendeur a le droit de la requérir, à son choix, ou de prendre inscription en vertu du titre dont il est porteur, même d'un acte sous seing privé. Ce que nous disons du vendeur doit naturellement être compris de la même manière à l'égard du bailleur de fonds.

La loi ne fixe pas le délai dans lequel l'inscription ou la transcription de la vente doit être faite. Cependant il existe un terme fatal où le privilége du vendeur doit nécessairement devenir public ; mais ce terme n'est pas toujours le même, et varie suivant les cas où le vendeur se trouve en collision avec des créanciers inscrits à qui l'acquéreur a donné hypothèque ; et celui où l'acquéreur a revendu avant l'inscription du privilége du vendeur, et où celui-ci est en opposition avec un sous-acquéreur. Cet état de choses entraîne de graves inconvénients et offre de sérieuses difficultés.

Nous venons de voir que la transcription sauvegardait les droits du vendeur et du bailleur de fonds ; mais il fallait aussi sauvegarder ceux des tiers, en les prévenant, et c'est dans ce but-là que nous voyons en l'art. 2108 l'obligation imposée au conservateur des hypothèques d'inscrire d'office, sur ses registres, le privilége du vendeur et du bailleur de fonds, afin que les tiers puissent aisément en prendre connaissance.

Les héritiers ou copartageants doivent naturellement requérir l'inscription pour conserver leur privilége sur chaque lot ou sur le bien licité. Le délai dans lequel ils doivent requérir l'accomplissement de cette obligation, est fixé par l'art. 2109, qui nous dit que l'inscription doit être effectuée dans les soixante jours à partir de l'adjudication ou de l'acte de partage.

Des art. 2109 du Code Napoléon et 834 du Code de Procédure, il résulte pour nous que le cohéritier, comme du reste le vendeur d'un immeuble, conservera son privilége, alors même qu'il ne l'aurait pas fait inscrire, pourvu qu'il le fasse dans le délai de quinzaine à partir de la transcription de la vente; qu'il jouira du droit de préférence entre créanciers s'il se fait inscrire dans les soixante jours, et qu'enfin, passé ce délai, il rentrera dans la classe des créanciers purement hypothécaires.

Les architectes et ouvriers, qui veulent conserver leur privilége sur l'ouvrage qu'ils ont effectué, doivent faire inscrire le procès-verbal qui constate l'état des lieux, et le procès-verbal de réception; et c'est à la date du premier que leur inscription produira son effet.

Nous avons vu que les priviléges sur les immeubles étaient soumis à l'inscription, mais cette disposition de la loi aurait été inefficace si elle n'avait été sanctionnée, et ses prescriptions n'auraient été que des ordres en vain donnés : aussi voyons-nous en l'art. 2113 que tout créancier privilégié sur les immeubles qui, dans les délais de la loi, n'aura pas fait inscrire sa créance, perdra par cela seul toute la faveur qui l'environnait. Je dis perdra toute la faveur de son privilége; en effet, je veux bien que la créance reste pourtant au rang des créances hypothécaires; mais c'est uniquement parce toute créance privilégiée porte en elle-même toute la vertu du titre qui constitue les créances hypothécaires, et que par conséquent elles peuvent être inscrites dans quelque temps que cela soit; mais dans ce cas elles ne produisent d'effet à l'égard des tiers qu'à partir de la date de leur inscription, et se détournent par conséquent du but pour lequel elles sont établies.

Procédure Civile.

Des saisies conservatoires, c'est-à-dire, de la saisie-gagerie, de la saisie sur débiteur forain et de la saisie-revendication.

Avant de traiter ces diverses questions, je crois devoir, en peu de mots, donner un aperçu sur l'exécution des jugements.

L'exécution d'un jugement est ou volontaire ou forcée, suivant les cas où le condamné se conforme de lui-même aux dispositions du jugement, ou qu'il y est contraint par les moyens autorisés par la loi. L'exécution forcée se fait sur la personne ou sur les biens du débiteur, et quelquefois en même temps sur la personne et sur les biens.

Sur la personne, elle a lieu par le moyen de la contrainte par corps ou *emprisonnement*, et sur les biens, elle se pratique par la saisie.

La saisie a pour objet de procurer au saisissant le paiement de ce qui lui est dû, ou de lui faire recouvrer un objet lui appartenant (saisie revendication). Elle se divise en plusieurs espèces, suivant qu'elle a rapport aux meubles ou aux immeubles.

L'exécution se fait sur les meubles en les saisissant, soit lorsqu'ils sont entre les mains d'un tiers, ou du débiteur; soit lorsqu'ils sont attachés au sol, mais séparables, comme des fruits non recueillis. C'est ce qui se pratique par le moyen de la saisie-exécution, saisie brandon, de la saisie des rentes, de la saisie-arrêt, de la saisie-gagerie, de la saisie-foraine et de la saisie-revendication. Les premières sont des mesures d'exécution forcée, les trois dernières ne sont que des mesures conservatoires ; c'est de ces dernières que nous avons à nous occuper.

CHAPITRE PREMIER.

De la saisie-gagerie.

Nous avons vu précédemment, en notre travail sur le droit civil, que les créances pour louage d'immeubles étaient privilégiées sur le produit des terres et sur les meubles garnissant la maison ou ferme (2102, C. N.). Nous avons dit que le principe qui servait de base à ces priviléges était un contrat tacite et légal de gage, en vertu duquel le bailleur ou le locateur était censé avoir un droit sur les fruits ou meubles jusqu'à son parfait paiement. C'est pour sanctionner ce droit, c'est pour fournir les moyens de le mettre à exécution qu'a été organisée la saisie-gagerie. Cette voie d'exécution consiste pour le créancier dans la faculté de faire saisir les fruits ou meubles un jour après le commandement de payer, et même sur-le-champ, avec l'autorisation, rendue sur requête, par le président du tribunal de première instance (819). Cette voie d'exécution[1], fondée sur de hautes raisons de confiance et de crédit, a paru au législateur mériter une faveur telle que, contrairement à tous les principes établis sur cette matière, elle peut être effectuée sans *titre exécutoire*, sur un simple commandement, et même, sans commandement préalable, avec l'autorisation du juge. Son importance seule a pu justifier une pareille dérogation.

La saisie-gagerie, avons-nous dit, peut aussi-bien s'effectuer sur les fruits que sur les meubles. L'art. 819 du Code de Procédure, d'un autre côté, nous apprend que le bailleur ou locateur jouit du droit de suite sur les meubles déplacés sans son consentement; qu'il peut même les faire saisir, pourvu qu'il ait le soin d'exercer son action dans le délai de quinze jours pour les meubles garnissant une maison, et dans quarante jours pour ceux garnissant une ferme. Et nous devons dire en passant que, pour nous, cette différence de temps parait résulter de la difficulté plus ou moins grande que doit éprouver le créancier privilégié pour être informé du fait qui blesse ses droits. De la combinaison de ces divers articles, quelques auteurs ont conclu, malgré le silence du Code, que le bailleur avait également le droit de suite sur les fruits, parce que, disent-ils, ces fruits sont sa garantie aussi-bien que les meubles meublants. Ni le texte, ni l'esprit général de la loi ne nous paraissent justifier cette interprétation, qui d'ailleurs nous semblerait d'autant plus irrationnelle que les fruits, étant par leur nature destinés à être vendus, il en résulterait une entrave trop forte pour le commerce; et d'ailleurs les fruits sont des objets difficiles et le plus souvent impossibles à reconnaitre. Nous observerons même que le bailleur ne pourrait s'opposer à l'enlèvement de quelques effets mobiliers, pourvu que sa créance restât suffisamment protégée par les autres.

Toutes les fois que les objets déplacés se trouvent dans un lieu public, ou dans un autre édifice occupé par le preneur, la saisie-gagerie serait utilement employée; mais, si ces objets se trouvaient dans le domicile d'un tiers, il n'est pas douteux dans ce cas que l'on dût employer la saisie-revendication dont nous parlerons ci-dessous.

Le propriétaire conserve le droit de saisir-gager les objets des sous-locataires, mais jusqu'à concurrence seulement du prix de sous-location, et ceux-ci n'obtiennent la main-levée qu'en prouvant que le paiement effectué l'a été sans anticipation et sans fraude; car si le paiement par anticipation pouvait être opposé au propriétaire, les fermiers et sous-fermiers pourraient trop facilement s'entendre pour le frustrer. Du reste, si l'anticipation résultait d'une clause du bail, ou bien de l'usage des lieux, alors certainement les sous-locataires pourraient s'en prévaloir utilement.

La saisie-gagerie se fait comme la saisie-exécution; et s'il y a des fruits pendants comme la saisie-brandon. Le saisi, même malgré lui, peut être constitué gardien, ce qui, dans la saisie-exécution, n'a lieu que du consentement du saisi et du saisissant. Dans le cas où le saisi ne peut ni être gardien, ni en fournir un autre, les objets saisis sont déplacés et confiés à celui que choisit l'huissier.

La vente des objets saisis-gagés ne peut avoir lieu qu'après que la saisie a été déclarée valable par le juge de paix ou le tribunal de première instance, chacun dans les limites de sa compétence.

CHAPITRE II.

De la Saisie sur débiteur forain.

Les lois désignent, sous le nom de débiteur forain, celui qui n'a ni domicile, ni habitation dans la commune. Il importe cependant d'établir une distinction entre les débiteurs non domiciliés dans la commune, mais ayant un domicile connu, et ceux qui n'ont absolument aucune espèce de domicile connu. Dans le premier cas, la saisie gagerie ne peut être valablement pratiquée qu'autant que la créance du saisissant est à la fois liquide et exigible ; et dans le second cas, au contraire, on peut pratiquer la saisie alors même que la créance n'est pas bien liquide, et même quelquefois, quoiqu'elle ne soit pas encore à échéance. On ne recherche qu'un seul fait, à savoir : si le créancier est exposé à perdre ce qu'il a prêté. C'est donc aux débiteurs de la deuxième catégorie par nous établie que s'applique l'art. 822 du Code de Procédure qui dit que : Tout créancier, même sans titre, peut, sans commandement préalable, mais avec permission du président du tribunal de première instance, et même du juge de paix, faire saisie-gager les effets qui se trouvent dans la commune, appartenant à son débiteur forain. Le saisissant est gardien de plein droit si les effets saisis se trouvent chez lui ; dans le cas contraire, il en est nommé un à cet effet (Art. 823)

Ce serait à tort que, de ce qui vient d'être dit, on conclurait que le créancier ne peut retenir les objets de son débiteur forain que par l'effet de la saisie; aussi-bien que tout autre en effet il jouit du privilége de rétention pour les objets sur lesquels il a fait des avances; mais la saisie foraine doit être souvent préférée, par cela seul qu'elle accorde la faculté de faire vendre les effets dont la conservation pourrait porter un préjudice au créancier.

Les saisies gageries et foraines sont soumises à plusieurs règles communes qui ont décidé le législateur à les traiter dans un même titre.

Les effets saisis sur débiteur forain ne peuvent être vendus qu'après que la saisie a été déclarée valable.

La vente et la distribution du prix ont lieu comme dans la saisie-exécution.

Les gardiens sont tenus de représenter les effets, sous peine de contrainte par corps.

CHAPITRE III.

De la saisie-revendication.

La saisie-revendication est l'acte par lequel une personne fait rechercher un objet lui appartenant, et qui se trouve dans les mains d'un tiers. Ainsi, de même qu'un bailleur ou locateur a le droit de revendiquer les meubles du locataire ou fermier, déplacés sans son consentement; de même toute personne a le droit de revendiquer les objets lui appartenant et détournés à suite de perte ou de vol. Du reste, la saisie-revendication n'est autre chose qu'une violation manifeste de domicile, et l'on doit par conséquent prendre toutes les précautions possibles afin d'obvier aux inconvénients qui doivent nécessairement en résulter. Gaïus nous apprend qu'à Rome, celui qui voulait rechercher un objet volé, devait se présenter dans la maison où il prétendait que l'objet avait été caché, assisté d'un certain nombre de témoins. Il ne pouvait se couvrir d'une toge dans les plis de laquelle il aurait pu lui-même glisser quelque objet volé; et il devait porter devant lui une sorte de vase, afin que ses mains ainsi occupées ne pussent commettre un larcin, ni pratiquer aucune supercherie. Ces précautions ne subsistent plus de nos jours; l'esprit du temps ne les comporte plus ; mais cependant il faut encore l'ombre imposante d'un fonctionnaire éminent pour procéder à de telles opérations. Ce n'est que sur ordonnance, rendue sur requête, du président du tribunal de première instance, qu'il est permis de pénétrer au domicile d'un citoyen, et de procéder chez lui à des recherches d'une nature quelconque. Que si l'on procédait sans cette précaution, la partie et l'huissier seraient l'un et l'autre passibles de dommages-intérêts. Du reste la saisie-revendication n'est pas la seule qui réclame ces précautions ; elles sont encore exigées pour la saisie-gagerie et sur débiteur forain, toutes les fois que les objets sont détenus en la maison d'une tierce personne.

L'autorisation ci-dessus prescrite, et dans laquelle sont sommairement indiqués les objets soumis à la revendication, n'est pas toujours absolument indispensable ; ainsi, toutes les fois qu'il existe contre le détenteur un *jugement exécutoire*, alors certainement l'autorisation serait inutile, et le meilleur titre à produire est bien le jugement ci-dessus énoncé.

S'il y a péril en la demeure, si par exemple il y a lieu de craindre que le possesseur ne disparaisse avec les effets, le juge pourra permettre la saisie revendication même les jours de fête légale (&828). Au reste, cette saisie a lieu comme la saisie-exécution, sauf qu'on est libre de nommer le détenteur gardien, même sans son consentement.

Dans le cas où le prétendu détenteur refuserait d'ouvrir les portes, ou de laisser procéder aux perquisitions, on établirait garnison à sa porte; l'on en référerait au juge et le procès-verbal contiendrait assignation en *référé*; ou bien, avec l'autorité du juge de paix ou de l'officier de police, il serait procédé à l'ouverture de force.

La demande en validité de la saisie-revendication doit, d'après l'art. 831, être adressée au tribunal du domicile de celui chez lequel elle est faite ; si cependant elle est connexe à une instance déjà pendante, elle le sera au tribunal saisi de cette instance. On comprend que la vente ne soit pas la conséquence nécessaire de cette saisie, cela dépend des cas où le saisissant est propriétaire de l'objet saisi, ou simplement créancier ayant privilége sur cet objet.

Droit Criminel.

De l'Application du principe de la non-rétroactivité de la loi aux matières criminelles.

La loi ne dispose que pour l'avenir ; elle n'a point d'effet rétroactif. Tel est le principe établi par le législateur en l'art. 2 du titre préliminaire au Code Nap. Si l'on cherche à découvrir la raison d'être de ce principe, on le retrouve écrit dans la nature des choses, et on le voit sortir comme une conséquence forcée de l'essence elle-même des lois. Que peut, en effet, une loi, si ce n'est commander, défendre ou permettre ? Or, commander, défendre ou permettre des faits déjà accomplis ou non accomplis dans les temps passés, ce serait inutile certainement, et de plus ce serait absurde. Du reste, de tout temps, on l'a parfaitement compris, et nous voyons dans la législation romaine au Code, que les lois ne doivent jamais rappeler les faits accomplis. Malheureusement, ce principe si clair, si facile à saisir dans la théorie, présente de très-grandes difficultés quand on veut le mettre en pratique. Ainsi, telle loi qui vient d'être rendue peut, très-souvent, dans les conséquences qu'on veut en tirer, paraître aux uns rétroagir, tandis qu'aux autres elle paraîtra sainement appliquée

Formuler cependant des principes généraux d'interprétation était une tâche trop difficile à cause de l'innombrable variété des espèces qui peuvent se présenter dans toutes les branches du Droit français. Ce ne sera donc pas sur des principes, qui d'ailleurs n'existent écrits nulle part, mais bien sur l'esprit général des lois et la raison naturelle, que nous tâcherons d'établir les quelques observations que nous avons à présenter sur l'application de ce principe aux matières pénales.

Etablissons d'abord un fait constant, c'est que si le principe de la non-rétroactivité s'applique à toutes les branches du droit, il est surtout utile en matière pénale ; car, quoique ce ne soit pas le législateur qui détermine le plus ou moins de moralité des actes de la vie, c'est pourtant lui qui les fait licites ou illicites, et par conséquent il n'a pas le droit, sans être inconséquent avec lui-même, de poursuivre et de réprimer comme coupable un fait qu'il n'a pas prohibé. *Moneat lex quam prius feriat*, disaient avec raison les anciens; on ne peut pas punir pour un fait qu'on n'a pas déclaré punissable. C'est donc, en matière pénale, sous le point de vue des conséquences pour l'accusé, que l'on doit se placer pour l'étude de ce principe.

C'est du reste ce qui a été presque dit en l'art. 4 du Code Pénal ainsi conçu : « Nulle contravention, nul délit, nul crime ne peuvent être punis de peines qui n'étaient pas prononcées par la loi avant qu'ils fussent commis. » Cet article nous donne, ce semble, la mesure de ce qu'on doit entendre par la rétroactivité en matière pénale. Pour nous il en résulterait qu'on ne devrait pas regarder comme rétroagissant un mode d'instruction nouvellement organisé, et qui ne devrait en rien influer sur la décision de l'affaire. Partant de cette idée, et pour faire la saine application de ce principe, nous avons cru pouvoir tout résumer dans ces trois questions. Application : 1º aux lois de fond ; 2º aux lois sur la procédure ; 3º enfin aux lois sur la prescription de l'action répressive, et celles sur la prescription de l'exécution de la peine.

1º *Lois de Fond*. Cette question se subdivise nécessairement et se présente à nous sous un nouveau et double point de vue, suivant le cas où la loi nouvelle introduit des incriminations qui n'existaient pas, ou des pénalités plus grandes ; et le cas au contraire où ces incriminations ou pénalités sont moindres dans la nouvelle qu'elles ne l'étaient dans la première des deux lois. Dans le premier cas, la peine n'étant à nos yeux légitimement encourue que comme une conséquence forcée du commandement, nous sommes obligés, pour être conséquents, de refuser toute espèce de rétroactivité ; car pour nous il n'est pas de fait punissable sans loi qui le dispose ainsi d'avance. Du reste, ceux-là même qui considèrent la pénalité comme un droit de défense appartenant à la société, aiment mieux être inconséquents et reculer devant les suites d'un principe qu'ils reconnaissent pourtant, mais dont ils n'osent admettre l'application. Que si, au contraire, la nouvelle loi ne reproduisait pas toutes les incriminations de l'ancienne, ou si elle adoucissait la pénalité, alors certainement, et quel que fût le système qu'on embrassât, alors la loi devrait rétroagir sur les faits antérieurs non encore jugés ; parce que, d'un côté, le droit de la défense résultant du péril de l'attaque, ils ont dû disparaître à la fois ; et que d'ailleurs, la société n'ayant plus aucun intérêt, ou n'ayant qu'un intérêt moindre à l'exécution d'un commandement qu'elle a retiré en tout ou en partie, serait inconséquente avec elle-même, en recherchant et punissant sévèrement les individus coupables de faits qu'elle déclare ne plus la blesser.

La solution des questions précitées n'offre guère de difficultés ; mais il peut très-bien arriver que, dans l'intervalle qui sépare le crime ou délit du jugement, il se soit succédé plus de deux lois ; alors on peut avec raison se demander laquelle, de trois par exemple, doit être appliquée ? Cette question, plus captieuse que profonde, se résout très-facilement au moyen des principes émis ci-dessus ; et sur cette seule considération que la loi la plus favorable, intervenue dans le délai du fait punissable au jugement, a dû constituer un droit acquis en faveur du coupable. Ainsi, la question, sous ce point de vue, ne peut guère paraître sérieuse ; mais il peut très-bien arriver que l'on soit en peine pour décider laquelle de deux lois est la plus favorable ; comme dans le cas, par exemple, où le maximum de l'une serait moindre et le minimum plus considérable que ceux de l'autre. Cette question a donné naissance à des interprétations variées ; mais pour nous cependant il paraît évident que le maximum inférieur doit déterminer le degré de faveur ; parce que, d'un côté, le minimum n'est qu'un espoir et nullement un droit acquis au coupable, et que de l'autre, au contraire, le maximum est une limite au-delà de laquelle ne peut jamais s'élever la pénalité résultant de la faute. Dans le cas où il s'agirait de peines d'ordres différents, alors nous accorderions toujours la faveur à celle du degré inférieur, parce que la différence de nature dans la peine semble devoir toujours établir une échelle pareille de gravité.

Pour terminer cette matière, nous croyons devoir observer que le mode d'exécution de la peine appartenant au pouvoir exécutif, il peut le changer à son gré, sans qu'on invoque la non-rétroactivité ; sauf toutefois le cas où le mode d'exécution modifierait considérablement la nature même de la punition.

2° *Lois sur la procédure.* Les lois qui déterminent la marche à suivre dans l'instruction d'un délit ou d'un crime n'ont toutes qu'un seul but, celui de fournir les moyens utiles pour arriver à la découverte de la vérité. Ainsi, quelle que soit d'ailleurs l'espèce réglementée par une loi de procédure criminelle, il n'y sera jamais question d'incrimination ni de peine ; son seul but sera, dans tous les cas, de reconnaître un innocent ou de découvrir un coupable.

Or, une loi, par cela seul qu'elle est nouvelle, est réputée plus efficace que l'ancienne pour atteindre le but auquel elle vise. Si donc l'accusé est innocent, la loi nouvelle doit être pour lui regardée comme une faveur plutôt que comme une peine ; au contraire, s'il est coupable, il ne peut pas invoquer des droits qui tendraient à entraver la découverte de la vérité ; ces droits ne sauraient exister. Telles sont les raisons qui nous décident, malgré l'opinion de jurisconsultes éminents, à reconnaître que, dans cette matière, une loi doit être appliquée dès le moment où elle est exécutoire, aussi-bien pour les faits antérieurs à sa promulgation, que pour ceux qui lui sont postérieurs.

Si néanmoins il s'agissait de faits ayant force de chose jugée, et que la loi nouvelle établît une voie de recours qui n'existait pas antérieurement, nous n'irions pas jusqu'à reconnaître que cette voie fût ouverte au condamné, car pour nous un jugement est un droit acquis qu'une législation postérieure ne peut briser.

§ 3. — *De la prescription des poursuites et de celle des condamnations.*

Malgré la divergence des opinions sur cette question importante de la prescription ; malgré l'art. 2281 du Code Napoléon qui réglemente cette matière, pour nous, la loi nouvelle sur la prescription nous paraît toujours applicable, quelle qu'elle puisse être d'ailleurs, favorable ou défavorable à celui qu'elle frappe. La prescription de la peine ou des poursuites ne peut en effet jamais avoir lieu que parce que la société, faisant remise de la peine, a la conscience qu'elle n'a plus de titre à faire exécuter ses commandements, puisque dans ces cas l'intérêt de la loi ne réclame plus un pareil sacrifice. Si donc il lui paraît que le délai doit être augmenté ou diminué, elle le peut, et le peut sur-le-champ. Et qu'on n'invoque pas le droit acquis à la personne qui réclame l'application de la loi ancienne. Là en effet où il n'y a qu'une simple espérance, il ne peut exister aucun droit, et par suite aucun sujet de plainte, et c'est, je crois, ce qu'on doit reconnaître dans la prescription non encore consommée.

Cette Thèse sera soutenue, en séance publique, dans une des salles de la Faculté, le 30 novembre.

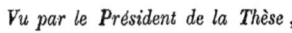

Vu par le Président de la Thèse,

MASSOL (de Montastruc).

www.ingramcontent.com/pod-product-compliance
Lightning Source LLC
Chambersburg PA
CBHW060642050426
42451CB00010B/1200